DEBUT D'UNE SERIE DE DOCUMENTS
EN COULEUR

LE RELIQUAIRE

DE

SAINT-LOUIS DE CARTHAGE

PAR

L'Abbé REURE

LYON
IMPRIMERIE MOUGIN-RUSAND
3, Rue Stella, 3

1887

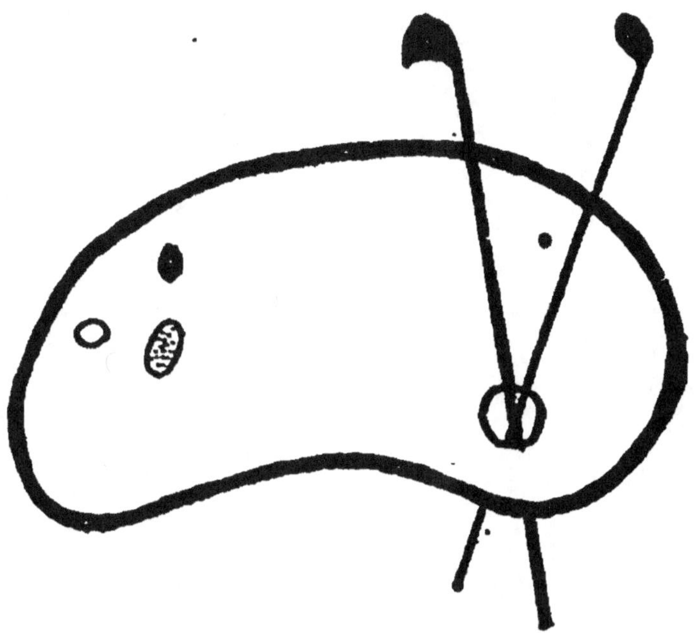

FIN D'UNE SÉRIE DE DOCUMENTS
EN COULEUR

LE RELIQUAIRE

DE

SAINT-LOUIS DE CARTHAGE

LE
RELIQUAIRE

DE

SAINT-LOUIS DE CARTHAGE

PAR

L'Abbé REURE

LYON

IMPRIMERIE MOUGIN-RUSAND

3, Rue Stella, 3

—

1887

LE RELIQUAIRE

SAINT-LOUIS DE CARTHAGE

Nous venons bien tard, et après de plus habiles, parler du reliquaire destiné à la basilique de Carthage. Mais devrions-nous répéter fort mal ce que d'autres ont dit en termes excellents, cela en vaudrait encore la peine; il est bon qu'on sache que Lyon ne reste pas insensible à ses gloires les plus pures, et que l'apparition d'un chef-d'œuvre de l'art est accueillie chez nous comme un événement. Essayons donc à notre tour de décrire le nouvel ouvrage sorti des mains de M. Armand-Calliat. L'artiste, on le sait, n'est pas plus banal que ses œuvres : un peu entier, un peu triste, un peu désenchanté quelquefois, mais épanoui quand les suffrages d'un public d'élite écartent ses dernières défiances, et l'avertissent qu'il ne s'est pas trompé, c'est un plaisir alors, une jouissance de haut goût de l'entendre dérouler sa pensée, avec cette complaisance qui ne déplait que chez les médiocres. Nous allons, incapable de louer pour être

agréable à qui que ce soit, dire tout simplement ce que
nous avons éprouvé, quand nous écoutions M. Armand-
Calliat, l'âme sur les lèvres, raconter son poème; et si
quelqu'un trouvait que notre admiration va trop loin, nous
ne voulons qu'une excuse : notre absolue sincérité.

Mais avant d'étudier le reliquaire de Carthage, il faut en
quelques mots expliquer son origine. On raconte que, le
jour même où Louis IX expirait sous les murs de Tunis,
le 25 août 1270, Charles d'Anjou arrivait avec une flotte de
secours. A peine débarqué, et avant d'être averti de la
catastrophe, il court à la tente royale, et voit tout d'abord
son frère, encore étendu sur le lit de cendre où il avait
voulu mourir. Cependant, après de brillants succès, qui
permirent d'imposer au roi de Tunis un traité honorable
pour nos armes, l'expédition chrétienne reprit la mer : c'est
alors qu'on fit deux parts des dépouilles mortelles du saint
roi. Le corps fut inhumé à Saint-Denis, et y dormit en paix
jusqu'à la Révolution; le cœur et les entrailles, donnés à
Charles d'Anjou, furent confiés par lui à l'abbaye de Mon-
réale, en Sicile, où ils furent visités et scellés de nouveau,
le 1er juillet 1843. François II, quand il fut chassé de son
royaume de Naples, emporta ces restes précieux, et les
offrit plus tard au cardinal Lavigerie. A ce moment-là
même, un comité catholique, sous la présidence de M. le
comte de Buisseret, s'organisait pour aider le cardinal à
bâtir une église à Carthage, à peu près à l'endroit où
Louis IX mourut. On pensa tout de suite à déposer le
cœur de saint Louis dans la nouvelle basilique, et à l'enfer-
mer dans une châsse digne de la France et de nos vieilles
gloires chevaleresques; mais cette fois, on ne voulut
s'adresser qu'aux plus illustres familles de l'ancienne France,
aux fils des Croisés; leurs noms, — celui de M. le comte

de Chambord en tête, — sont inscrits sur les côtés du monument.

C'est bien, en effet, un véritable monument, que le reliquaire de Carthage ; cette masse énorme de bronze doré a sept pieds de hauteur. Cependant, rien de plus clair et de plus simple que la conception de ce grand travail; M. Armand-Calliat s'est même défendu de ce symbolisme compliqué et subtil, où il a peut-être versé quelquefois. Ici la pensée se livre du premier coup dans sa large beauté : sur un socle soutenu par des dragons ailés, deux anges, vêtus en chevaliers du XIIIᵉ siècle, portent une Sainte-Chapelle en miniature, qui est, à proprement parler, la châsse de saint Louis. Mais étudions de plus près les diverses parties du reliquaire.

Huit dragons asservis, rampant sur des patins, soutiennent en frémissant un large socle; à leurs ailes rougeâtres s'accrochent des rinceaux dont la flore est empruntée à l'art du XIIIᵉ siècle ; le tout se détache sur un fond d'émaux noirs, d'une tonalité sévère et opulente. Au-dessus court une frise ornée de motifs bleu-turquoise, et quelques fleurons du même émail, semés sur la corniche, complètent la partie purement décorative de cette base vigoureuse. Au centre, sous une ogive dessinée par les ailes des dragons, une draperie fleurdelisée ouverte, et sur le bleu profond du ciel oriental, une scène en bas-relief : saint Louis, épuisé par la maladie, agenouillé sur la cendre, péniblement soutenu par son fils Philippe, reçoit sa dernière communion; la ferveur du pieux roi a été rendue avec un bonheur infini. Sur la face opposée du socle, l'artiste a représenté les derniers adieux du roi à sa femme Marguerite, devant les remparts d'Aigues-Mortes; un batelier, petit homme blasé, « qui en a vu bien d'autres, » attend avec insouciance que cette

scène, bien sentimentale à ses yeux, soit finie; c'est l'élé-
ment pittoresque de ce délicieux bas-relief, qui a plu à
tout le monde.

Nous arrivons à ce qu'on peut appeler l'âme de cette
œuvre superbe, à ces deux anges qui portent si fièrement
la châsse de saint Louis. Voilà évidemment ce qui arrachait
au public ces cris spontanés de surprise et d'admiration que
nous avons entendus. Le cardinal Lavigerie lui-même n'a
pas échappé à la séduction générale. Ayant appris tout ce
qu'on disait du reliquaire de Carthage, il plaisantait avec
esprit de ce bel enthousiasme, se promettant bien d'échap-
per pour son compte à cette douce folie. Il entra chez
M. Armand-Calliat en déclarant au maître qu'il ne pouvait
lui donner que dix minutes, ni plus, ni moins; une demi-
heure plus tard, le cardinal était encore là, ayant oublié
rendez-vous et affaires; comme nous autres simples mor-
tels, il avait été pris! On nous a parlé d'un visiteur qui,
après être resté quelque temps, presque sans parole, et
comme anéanti, devant ce bronze animé, descendait en-
suite les escaliers en levant au ciel de grands bras, et en
disant tout haut : « Inimaginable! inimaginable! »

Ce n'était peut être pas précisément *inimaginable*, mais
il est au moins certain que le premier venu ne pouvait pas
trouver cela. Point d'imitation, même lointaine, d'aucune
œuvre connue : ce groupe d'anges est une création dans la
force du terme. Par quel mystère l'idéal s'est-il échauffé
dans les profondeurs de l'âme, pour passer tout vivant
dans le bronze? Nous aurions voulu — pourquoi ne pas
l'avouer? — demander à l'ouvrier quelque chose de son
secret; nous nous sommes aperçu qu'il était incapable de le
dire; le véritable artiste produit ses belles œuvres, à peu
près comme la nature fait la fleur et le chêne, presque

sans le savoir. Laissons donc de côté cette question d'esthétique transcendante, et voyons seulement ce qui est sous nos yeux.

La création est ici à la fois dans l'idée, et dans sa réalisation plastique. L'idée d'abord. Quelle heureuse pensée d'avoir vêtu ces deux anges de la tunique, de la cotte de mailles et du ceinturon des chevaliers. Il me semble pourtant les reconnaître, les avoir vus quelque part. Oui, ce sont bien ceux dont parlent les vieux chroniqueurs naïfs, quand les envoyés du ciel, descendant dans les rangs des Croisés, le jour de la bataille, prennent part à la mêlée sanglante pour la cause du Christ. S'appellent-ils Godefroy ou saint Michel? Sont-ils anges ou hommes? A la fois l'un et l'autre; fiers comme des chevaliers, doux et beaux comme des anges. Tout le monde a cependant remarqué que l'un était « plus ange »; d'une main, avec un profond respect, il porte la couronne d'épines, tandis que de l'autre il soutient la châsse du saint roi. Son frère est « plus chevalier »; on le reconnaît à son air plus décidé; il porte d'ailleurs le sceptre de Louis IX. Le sceptre et la couronne d'épines, la patrie et la foi, la France monarchique et la France chrétienne! N'insistons pas sur cette antithèse féconde.

Mais la mise en œuvre de cette idée originale n'est pas moins digne d'éloges. A demi agenouillés sur l'écu de France et l'écu de Jérusalem, les deux anges-chevaliers soutiennent à bout de bras la Sainte-Chapelle avec une fermeté d'allure, une aisance et une franchise de mouvement, une beauté plastique d'attitude dont notre chétive description ne peut donner aucune idée. Tendus par l'effort, les muscles s'accusent sous la cotte de mailles, et on sent que le cœur bat dans ces poitrines vivantes. C'est une page de grande sculpture, et nous ne croyons pas que M. Armand-Calliat lui-même ait rien fait encore d'aussi parfaitement beau.

Les ailes de ces deux anges jouent un rôle important dans l'économie générale de la composition. Abaissées vers la terre, les ailes intérieures donnent un fond au groupe sculptural; les ailes extérieures, redressées au contraire avec décision, fortifient le mouvement pyramidal de l'œuvre tout entière, et rassurent le regard et la raison, en offrant à la Sainte-Chapelle une assise plus large.

Le maître a compris qu'il ne fallait pas, par le jeu des couleurs, distraire l'attention de la pure beauté des formes ; aussi s'est-il contenté de jeter çà et là quelques émaux très doux. Cependant une note plus brillante était nécessaire pour préparer les yeux à la riche décoration de la Sainte-Chapelle : voilà pourquoi il a donné aux anges des nimbes découpés dans le bronze, comme transparents, et tout lumineux d'émaux intenses.

De la châsse elle-même, il y a peu de chose à dire. C'est un bijou d'orfèvrerie, une imitation gracieuse de la Sainte-Chapelle du Palais de justice, avec son porche élégant, ses tourelles d'escaliers, ses contre-forts, son abside, sa crête ajourée, et son aiguille dentelée. Des émaux éclatants tiennent lieu des vitraux, comme si le cœur du saint Roi remplissait sa châsse de lumière. Est-il besoin de remarquer à quel point est heureuse encore cette pensée d'avoir choisi, pour y déposer les restes de saint Louis, une copie du sanctuaire qu'il avait lui-même élevé à des reliques sacrées ? La Sainte-Chapelle, n'est-ce pas d'ailleurs le XIIIe siècle tout entier, avec sa foi mystique et les belles choses quelle inspire ?

Nous quittons cette étude presque avec remords, car

nous sommes obligé de terminer notre tâche, en passant
sous silence bien des points intéressants. Nous aurions
aimé, par exemple, à surprendre la vie dans ces lignes
rythmées qui font vibrer le métal, à montrer comment
ces beaux profils s'épanouissent l'un de l'autre dans la
souplesse de leurs mouvements, comment tel angle est
amorti, telle ligne trop rigide corrigée par un coin
de draperie tombante, comment le jeu et l'artifice du
burin, les ors de couleur et les émaux, tantôt jetés avec
profusion, tantôt distribués discrètement, selon les lois
d'une exquise convenance, éclairent le bronze et lui donnent un accent personnel. Ne l'oublions pas, une œuvre
de cette valeur est un corps délicat et vivant; tout organe
y a sa raison d'être; tout s'y enchaîne et s'y appelle dans
une proportion parfaite et une suprême unité.

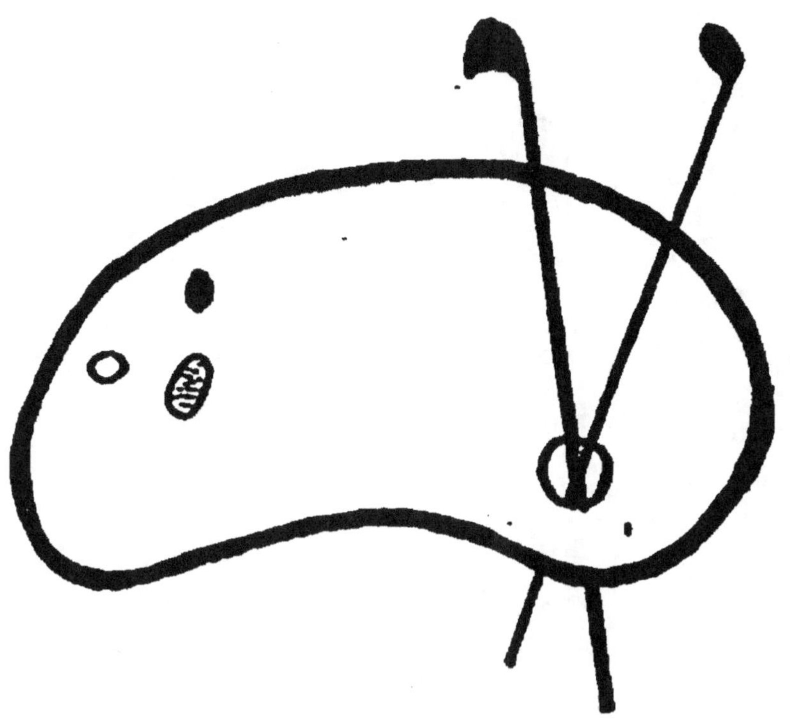

ORIGINAL EN COULEUR
NF Z 43-120-8